Sibille Kuber

CW00693405

Mobbing - auch ein Problem bei der Polizei?

Sibille Kuber

Mobbing - auch ein Problem bei der Polizei?

GRIN Verlag

Bibliografische Information der Deutschen Nationalbibliothek: Die Deutsche Bibliothek
verzeichnet diese Publikation in der Deutschen Nationalbibliografie; detaillierte bibliografische Daten sind im Internet über http://dnb.d-nb.de/ abrufbar.

1. Auflage 2010
Copyright © 2010 GRIN Verlag
http://www.grin.com/
Druck und Bindung: Books on Demand GmbH, Norderstedt Germany
ISBN 978-3-640-63445-3

Inhaltsverzeichnis

1. Präambel

Mobbing im Beruf ist ein sehr wichtiges Thema. Es ist aktuell und fast jeder Mensch wurde schon einmal damit konfrontiert, sei es über die Medien, über Bekannte oder sogar selbst als Opfer oder Täter. Der Mobbingverlauf beginnt oft mit harmlosen Hänseleien und endet meist fließend im Desaster.

In meiner Hausarbeit beschäftige ich mich mit dem Problem des *Mobbings* im Polizeidienst.

2. Einleitung in die Problematik

„WAZ MÜNCHEN. Am Schluß sah die junge Polizistin keinen anderen Ausweg mehr als den Griff zur Dienstwaffe: Nach wochenlangen Problemen mit Kollegen erschoß sich die 22jährige Beamtin auf der Fahrt in den Dienst in ihrem Auto.
Ein Vorgesetzter habe die Polizistin massiv sexuell belästigt - bis sie krank wurde, klagten die Eltern der Toten nach Angaben des Münchener Polizeipräsidenten Roland Koller. Der Beschuldigte selbst weist die Vorwürfe zurück.
Nur 14 Tage, nachdem sie in die Polizeiwache im Münchener Stadtteil Milbertshofen versetzt wurde, hatte die junge Frau Mitte Dezember bereits sehr aufgeregt bei der Gleichstellungsbeauftragten angerufen. Sie komme mit ihren Kollegen nicht zurecht, klagte sie. Der Hilfeschrei so kurz nach der Versetzung deute darauf hin, daß Massives vorgefallen sei, glaubt der Polizeipräsident. Doch bei dem Gespräch war von sexueller Belästigung nicht die Rede. Die 22jährige lehnte alle Hilfsangebote ab, wie sich die Gleichstellungsbeauftragte erinnert. Weil es bereits zwei andere Klagen von Frauen aus der gleichen Dienstgruppe gegeben habe, leitete sie eine Ermittlung ein - bei der nichts herauskam.
Einen Monat nach dem ersten Hilfeschrei wandte sich die 22jährige an einen Personalrat. Erstmals klagte sie auch über sexuelle Belästigung. Doch wieder lehnte die Frau alle Hilfsangebote ab: Sie wolle es selbst versuchen, sagte sie. Die 22jährige galt mit ihren guten Noten als engagierte Polizistin; in ihrer Freizeit fuhr sie die Straßen ab, um ihr Revier besser kennenzulernen. Im Januar erfuhr auch der Chef der Milbertshofener Wache, Hartmuth Meyer, daß eine seiner Dienstgruppen in Polizeikreisen als frauenfeindlich gelte. Es war die Dienstgruppe der 22jährigen. Meyer: Ich habe mir gedacht, da machst du Nägel mit Köpfen und setzt da eine Frau als Leiterin hin. Die 22jährige, die sich am Sonntag umbrachte, lernte die neue Chefin nicht mehr kennen.
Der Beschuldigte, ein 32jähriger, verheirateter Kommissar, wurde versetzt. Ihm droht ein Disziplinarverfahren."[1]

Der WAZ-Zeitungsartikel vom 17.02.1999 berührte die Menschen emotional. Die Fragen nach den Ursachen für Mobbing im Beruf, was dort eigentlich passiert und wie man sich dagegen wehren kann, werden im Folgenden reflektiert.

[1] Reitschuster, Boris, Polizistin floh vor Kollegen - in den Tod. Hilfeschrei deutete massive Probleme an (17.02.1999), Online im WWW unter URL:
http://service.derwesten.de/zeitungsarchiv/detail.php?query=1261006789138&article=2&auftritt=WAZ, [Stand: 19.12.2009].

3. Begriffsableitung

„Der Begriff „Mobbing" leitet sich von dem englischen Verb „to mob" ab. Übersetzt werden kann es mit „angreifen", „anpöbeln", „über jemanden herfallen".[2] „Zurückzuführen ist der Begriff letztendlich auf den lateinischen Ausdruck „mobile vulgus" - „wankelmütige Masse, aufgewiegelte Volksmenge".[3] Für Mobbing gibt es mehrere Definitionen.

4. Mobbing-Definition nach Leymann

Der schwedische Mobbingforscher und Psychologe Heinz Leymann hat Mobbing wie folgt definiert:

„Der Begriff Mobbing beschreibt negative kommunikative Handlungen, die gegen eine Person gerichtet sind (von einer oder mehreren anderen) und die sehr oft und über einen längeren Zeitraum hinaus vorkommen und damit die Beziehung zwischen Opfer und Täter kennzeichnen."[4]

5. Unterschied zwischen Mobbing und Konflikten

Das Wort *Mobbing* ist zu einem Wort unserer Alltagssprache geworden. Doch was genau unterscheidet Mobbing von Konflikten?

Nicht jede kleine Streiterei ist direkt Mobbing, es kann jedoch aus schlecht oder nicht ausgetragenen Konflikten fließend zu Mobbing kommen.

Die wesentlichen Merkmale des Mobbings sind nach Leymann: Konfrontation, Belästigung, Nichtachtung der Persönlichkeit und die Häufigkeit der Angriffe über einen längeren Zeitraum hinweg.

Um klare Grenzen zwischen Mobbing und kleinen Konflikten zu ziehen, erstellte Leymann in den neunziger Jahren eine Liste mit 45 Mobbinghandlungen, untergliedert in fünf Gruppen:

· Angriffe auf die Möglichkeiten sich mitzuteilen
· Angriffe auf die sozialen Beziehungen
· Angriffe auf das soziale Ansehen
· Angriffe auf die Qualität der Berufs- und Lebenssituation

[2]Körner, Rosemarie, Albtraum Mobbing. Hilfe zur Selbsthilfe bei Konflikten im Beruf, Filderstadt, 2002, S. 13.
[3]von Prondzinski, Peter, Mobbing - Psychoterror oder Modetrend?, Witten, 2004, S.2.
[4]Leymann, Heinz, Mobbing. Psychoterror am Arbeitsplatz und wie man sich dagegen wehren kann, Hamburg, 2002, S.21.

· Angriffe auf die Gesundheit[5]

Kommt eine oder kommen mehrere dieser 45 Mobbinghandlungen mindestens einmal pro Woche über ein halbes Jahr lang vor, so spricht man erst von Mobbing.[6]

6. Studien zu den Tätern und deren Motive

Untersuchungen haben ergeben, dass es kein typisches Mobbingopfer gibt, es kann somit jeden treffen. Die Bundesanstalt für Arbeitsschutz und Arbeitsmedizin (BAuA) führte dazu mehrere Umfragen durch, um aussagekräftige Statistiken zu erstellen.

6.1 Wer mobbt?

Dazu führte die BAuA führte eine repräsentative Umfrage an Mobbingopfern durch, von wem sie gemobbt wurden:

· nur vom Vorgesetzen:	38,2%
· gemeinsam vom Vorgesetzten und von Kollegen/-innen:	12,8%
· nur von einer Kollegin/ von einem Kollegen:	22,3%
· von einer Gruppe von Kollegen/-innen:	20,1%
· nur von Untergeben:	2,3%
· keine Angabe:	4,2%

6.2 Wie alt sind die typischen Mobber?

Des Weiteren erforschte die BAuA das Alter der *Mobber*:

Unter 25 Jahre:	1,9%
25-34 Jahre:	14,0%
35-44 Jahre:	33,9%
45-54 Jahre:	35,9%
55 Jahre und älter:	14,9%

6.3 Mobbingmotive

Die BAuA hat die Mobbingopfer zusätzlich befragt, was wohl ausschlaggebend für diese schrecklichen Mobbinghandlungen war.

---

[5]Siehe dazu Kapitel 11.3 – Liste der 45 Mobbinghandlungen nach Leymann.
[6]von Prondzinski, Peter, Mobbing - Psychoterror oder Modetrend?, Witten, 2004, S.2; Leymann, Heinz, Mobbing. Psychoterror am Arbeitsplatz und wie man sich dagegen wehren kann, Hamburg, 2002, S.22.

Mobbingopfer berichten, dass es durch äußern unerwünschter Kritik oder aus Neid und Konkurrenz zu den Mobbingvorfällen kam.[7]

7. Die Phasen eines Mobbing-Prozesses

Der Psychologe Heinz Leymann hat den Mobbingprozess im Arbeitsleben in vier Phasen unterteilt. Diese Phasen belegen, wie es von einem harmlosen, alltäglichen Konflikt zu einem Ausschluss aus dem Arbeitsleben kommen kann.

7.1 Phase 1: Die täglichen Konflikte

Konflikte sind ganz normale menschliche Lebensäußerungen, ohne Konflikte geht es nicht. Fraglich ist nur, wie die Menschen mit ihnen umgehen. Kann man diesen Konflikt lösen und einen Kompromiss finden, oder schaltet einer der Beiden oder sogar Beide auf stur? „Schnell kann aus dem Streit ein Beziehungskonflikt entstehen, (...), der Konflikt wird persönlich."[8] Ein Bruchteil der alltäglichen Konflikte entwickelt sich zu Mobbing.

7.2 Phase 2: Mobbing etabliert sich

Wie kann es sein, dass ein zunächst harmloser Konflikt zu gezieltem Psychoterror eskaliert? Das Problem liegt darin, dass er sich dazu entwickeln darf. Der Vorgesetzte und oft auch Kollegen/-innen hätten längst einschreiten können, aber sie sehen meistens zu oder weg. In dieser Mobbingphase wird die psychische Verfassung des Opfers immer schlechter, es steht unter Dauerstress. Das Selbstvertrauen wird gestört, Angst-, Isolierungsgefühle nehmen zu, psychosomatische Störungen sind die Folge. Das Opfer muss sich immer öfter verteidigen und fällt auf.

7.3 Phase 3: Destruktive Personalverwaltung

Wenn es nicht schon zu spät ist, wird es dringend Zeit, dass die Arbeitgeber eingreifen, da die Mobbingvorgänge den Betrieb negativ beeinflussen. Das Mobbingopfer ist nach längerer Zeit des Psychoterrors (ca. ein halbes Jahr) meist schon psychisch angeschlagen. Alle Augen sind auf das Opfer gerichtet, auf die unfähige Versagerin bzw. den unfähigen Versager.

---

[7]Bundesanstalt für Arbeitsschutz und Arbeitsmedizin, Wenn aus Kollegen Feinde werden, Online im WWW unter URL: http://www.baua.de/nn_21604/de/Publikationen/Broschueren/A12,xv=vt.pdf, [Stand: 27.12.2009].
[8]von Prondzinski, Peter, Mobbing - Psychoterror oder Modetrend?, Witten, 2004, S.4.

Wird der Fall endlich offiziell bearbeitet (vom Arbeitgeber, Betriebsrat oder der Gewerkschaft), so würde man denken, dass das die Rettung für das Mobbingopfer ist. Leider ist dies aber nicht der Fall, da sich viele Personalverwaltungen und Personalbehandlungen oftmals falsch verhalten. Häufig kommt es zu Rechtsbrüchen, wie z.B. Versuche, vertrauliche Informationen zu erhalten oder Absprachen hinter dem Rücken des Opfer, die das Opfer zusätzlich psychisch belasten.

7.4 Phase 4: Der Ausschluss

Die vierte Phase ist die Endstation des Mobbing-Prozesses. Der Betroffene kann nicht mehr vernünftig arbeiten, er ist den beruflichen Anforderungen nicht mehr gewachsen. Das Mobbingopfer wird isoliert und ihm werden keine Arbeitsaufträge mehr zugeteilt, höchstens versteckte Verlegenheitsarbeiten. Der Betroffene leidet unter Angstzuständen, die von Resignation, Depression bis zu Suizidgedanken führen. Das Opfer ist oft monatelang krankgeschrieben. „Andauernde Persönlichkeitsveränderungen und eine lebenslange Behandlung mit Psychopharmaka können so das Ende einer Entwicklung markieren, an deren Anfang nur ein harmloser, alltäglicher Konflikt stand."[9]

8. Phase 0: Gib Mobbing keine Chance

Der sicherste und beste Weg ist es, Mobbing erst gar keine Chance zu geben. Damit keiner in diese Spirale der beschriebenen vier Mobbing-Phasen gerät, schafft man eine sogenannte *Phase 0.*
Es gibt im Sinne der Prävention verschiedene Wege und Möglichkeiten, Mobbing erst gar nicht zuzulassen.

8.1 Pädagogische Mittel

Vorgesetzte sollen ihre Mitarbeiter aufklären und schulen. Sind sich die Mitarbeiter der Besonderheit und Schwere der Mobbing-Problematik bewusst, so fällt es ihnen leichter, aufkeimende Mobbingtendenzen rechtzeitig zu erkennen und sinnvoll und adäquat darauf zu reagieren.

---

[9] von Prondzinski, Peter, Mobbing - Psychoterror oder Modetrend?, Witten, 2004, S.5.

8.2 Konfliktmanagement

Können sich zwei streitende Parteien nicht einigen, so hat die Hierarchie bei der Schlichtung dieses Streites Vorteile. Der gemeinsame Vorgesetzte sollte die sogenannte *Win-win-Situation* (Beendigung des Streites ohne Verlierer) herstellen und den Konflikt der zwei Parteien fair lösen können.

8.3 Mitarbeitergespräche

Das Mitarbeitergespräch soll ein offener Austausch zwischen Vorgesetztem und Mitarbeiter sein. Es bietet die Gelegenheit, Probleme und Missverständnisse zu klären, die bei der Arbeit aufgetaucht sind, sowie die Zusammenarbeit mit den Kollegen und das Führungsverhalten des Vorgesetzten zu besprechen.[10]

Wurde die oben erläuterte Phase 0 versäumt, sollten die Vorgesetzen so schnell wie möglich etwas tun, um dem Psychoterror ein Ende zu bereiten.

Sie sollten in Ruhe mit den Betroffenen und den Akteuren sprechen. Des Weiteren können sie sich professionelle Hilfe in Form eines Konfliktberaters holen oder disziplinarisch eingreifen. Wichtig ist, dass die Vorgesetzten handeln.[11]

9. Konsequenzen für die Mobber

Im Strafrecht gibt es weder eine einheitliche Definition für Mobbing noch einen entsprechenden Paragraphen im Strafgesetzbuch (StGB).

9.1 Straftatbestände durch Mobbing

Durch Mobbinghandlungen können trotzdem einige Straftatbestände erfüllt sein. Diese können sein:

· Beleidigung (§ 185 StGB)
· Üble Nachrede (§ 186 StGB)
· Verleumdung (§ 187 StGB)
· Bedrohung (§ 241 StGB)
· Körperverletzung (§§ 223 ff. StGB)
· Sexuelle Nötigung (§ 177 StGB)

[10]Uni Erlangen, Mitarbeitergespräche. Vorbereitungsleitfaden., Online im WWW unter URL : http://www.uni-erlangen.de/universitaet/organisation/verwaltung/zuv/verwaltungshandbuch/mitarbeitergespraeche/Vorbereitungsleitfaden.pdf, [Stand: 22.12.2009].
[11]von Prondzinski, Peter, Einschreiten, Witten, 2004, S.14-15.

· Diebstahl (§§ 242 ff. StGB)

· Sachbeschädigung (§ 303 StGB)

Polizeibeamte stehen in einem öffentlich rechtlichen Dienst- und Treueverhältnis. Gemäß § 47 Abs. 1 Beamtenstatusgesetz (BeamtStG) begehen Beamtinnen und Beamte ein Dienstvergehen, wenn sie schuldhaft die ihnen obliegenden Pflichten verletzten.

9.2 Dienstpflichten der Beamten

Im Bereich des Mobbings können mehrere Dienstpflichten verletzt werden:

· Innerdienstliches Wohlverhalten (§ 34 S. 3 BeamtStG)

· Hingabepflicht (§ 34 S. 1 BeamtStG)

· Gehorsamspflicht (§ 35 S. 2 BeamtStG)

· Verschwiegenheitspflicht (§ 37 BeamtStG)

· Beratungs-/ Unterstützungspflicht (§ 35 S. 1 BeamtStG)

· Wahrheitspflicht (§ 34 S. 3 BeamtStG)[12]

9.3 Disziplinarmaßnahmen gegen die Beamten

Nach der Schwere des Dienstvergehens wird für die Beamtinnen oder für die Beamten eine Disziplinarmaßnahme eingeleitet. Es gibt dabei sehr unterschiedliche Disziplinarmaßnahmen gegen aktive Beamte auf Lebenszeit:

· Verweis

· Geldbuße

· Kürzung der Dienstbezüge

· Versetzung in ein Amt derselben Laufbahn mit geringerem Endgrundgehalt (Zurückstufung)

· Entfernung aus dem Beamtenverhältnis[13]

Wenn das Vertrauensverhältnis vom Dienstherrn zum Beamten durch die ihm begangene Pflichtverletzung unwiederbringlich zerstört wurde, so wird die höchste Disziplinarmaßnahme eingeleitet: der Beamte wird aus dem Beamtenverhältnis entfernt.

---

[12]Baldarelli, Marcello, Mobbing in der Polizei, Köln, 2004, S. 23-25.

[13]Sehrbrock, Ingrid, Wissenswertes für Beamtinnen und Beamte, Düsseldorf, 2006, S. 91-92.

Dem Beamten auf Probe droht gemäß § 23 Abs. 3 Ziff. 1 BeamtStG die Entlassung, wenn er eine Handlung begeht, die im Beamtenverhältnis auf Lebenszeit mindestens eine Kürzung der Dienstbezüge zur Folge hätte.

10. Fazit

Ich habe mich in den letzten Wochen intensiv mit dem Thema Mobbing am Arbeitsplatz auseinandergesetzt und finde es erschreckend, wie einzelne Menschen oder auch mehrere Menschen andere Personen psychisch zerstören können. Des Weiteren ist es entsetzlich, dass Mobbing so oft ignoriert bzw. sogar geduldet wird. Viele Vorgesetzte handeln gar nicht oder leider zu spät.

Bei Verinnerlichung der 45 Mobbinghandlungen von Leymann habe ich festgestellt, dass Klassenkameraden/-innen und ich ein Mädchen aus unserem ehemaligen Mathekurs permanent gemobbt haben. Ich selbst empfand es nie als Mobbing, ich betrachtete sie eher als eine Außenseiterin, die immer wieder zwischendurch geärgert wurde. Heute weiß ich, dass es viel mehr als bloßes Ärgern für das Mädchen war. Es tut mir aufrichtig leid.

11. Anhang

11.1 Quellenverzeichnis

Literatur

Körner, Rosemarie, Albtraum Mobbing. Hilfe zur Selbsthilfe bei Konflikten im Beruf, Filderstadt, 2002.

Leymann, Heinz, Mobbing. Psychoterror am Arbeitsplatz und wie man sich dagegen wehren kann, Hamburg, 2. Auflage 2002.

Sehrbrock, Ingrid, Wissenswertes für Beamtinnen und Beamte, Düsseldorf, 2006.

Artikel aus dem Polizeiblatt

Baldarelli, Marcello, Mobbing in der Polizei, in: Deutsches Polizeiblatt (DpolBl), Köln, 6/2004, S. 23-26.

von Prondzinski, Peter, Mobbing – Psychoterror oder Modetrend?, in: Deutsches Polizeiblatt (DpolBl), Witten, 6/2004, S. 2-6.

von Prondzinski, Peter, Einschreiten, in: Deutsches Polizeiblatt (DpolBl), Witten, 6/2004, S. 13-15.

11.2 Liste der 45 Mobbinghandlungen nach Leymann

Angriffe auf die Möglichkeit, sich mitzuteilen:

01. Der Vorgesetzte schränkt die Möglichkeit ein, sich zu äußern
02. Man wird ständig unterbrochen
03. Kollegen schränken die Möglichkeit ein, sich zu äußern
04. Anschreien oder lautes Schimpfen
05. Ständige Kritik an der Arbeit
06. Ständige Kritik am Privatleben
07. Telefonterror
08. Mündliche Drohungen
09. Schriftliche Drohungen
10. Kontaktverweigerung durch abwertende Blicke oder Gesten
11. Kontaktverweigerung durch Andeutungen, ohne dass man etwas direkt ausspricht

Angriffe auf die sozialen Beziehungen:

12. Man spricht nicht mehr mit den Betroffenen
13. Man lässt sich nicht ansprechen
14. Versetzung in einen Raum weitab von Kollegen
15. Den Arbeitskollegen/innen wird verboten, den/die Betroffene/n anzusprechen
16. Man wird wie Luft behandelt

Angriffe auf das soziale Ansehen:

17. Hinter dem Rücken des/der Betroffenen wird schlecht über ihn/sie gesprochen
18. Man verbreitet Gerüchte
19. Man macht jemanden lächerlich
20. Man verdächtigt jemanden, psychisch krank zu sein
21. Man will jemanden zu einer psychiatrischen Behandlung zwingen
22. Man macht sich über eine Behinderung lustig
23. Man imitiert den Gang, die Stimme oder Gesten, um jemanden lächerlich zu machen
24. Man greift die politische oder religiöse Einstellung an
25. Man macht sich über das Privatleben lustig
26. Man macht sich über die Nationalität lustig
27. Man zwingt jemanden, Arbeiten auszuführen, die das Selbstbewusstsein verletzen
28. Man beurteilt den Arbeitseinsatz in falscher und kränkender Weise
29. Man stellt Entscheidungen des/der Betroffenen in Frage
30. Man ruft ihm/ihr obszöne Schimpfworte oder andere entwürdigende Ausdrücke nach
31. Sexuelle Annäherungen oder verbale sexuelle Angebote

Angriffe auf die Qualität der Berufs- und Lebenssituation:

32. Man weist dem/der Betroffenen keine Arbeitsaufgaben zu
33. Man nimmt ihm/ihr jede Beschäftigung am Arbeitsplatz, so dass er/sie sich nicht einmal selbst Aufgaben ausdenken kann
34. Man gibt ihm/ihr sinnlose Arbeitsaufgaben
35. Man gibt ihm/ihr Aufgaben weit unter seinem/ihrem eigentlichen Können
36. Man gibt ihm/ihr ständig neue Arbeiten
37. Man gibt ihm/ihr *kränkende* Arbeitsaufgaben
38. Man gibt dem/der Betroffenen Arbeitsaufgaben, die seine/ihre Qualifikation übersteigen, um ihn/sie zu diskreditieren

Angriffe auf die Gesundheit:

39. Zwang zu gesundheitsschädlichen Arbeiten
40. Androhung körperlicher Gewalt
41. Anwendung leichter Gewalt, zum Beispiel um jemanden einen Denkzettel zu verpassen
42. Körperliche Misshandlung
43. Man verursacht Kosten für den/die Betroffene/n, um ihn/ihr zu schaden
44. Man richtet physischen Schaden im Heim oder am Arbeitsplatz des/der Betroffenen an
45. Sexuelle Handgreiflichkeiten[14]

---

[14]Leymann, Heinz, Mobbing. Psychoterror am Arbeitsplatz und wie man sich dagegen wehren kann, Hamburg, 2002, S.33-34.

Lightning Source UK Ltd.
Milton Keynes UK
UKRC010846030520
362655UK00001B/1